宇城道塾の手引き

〈基本編〉

宇城道塾事務局 編
宇城憲治 監修

宇城憲治に学ぶ「気」とは

はじめに

「家族に変わったと言われた」
「周りから明るくなったと言われた」
「職場の人間関係が飛躍的に改善された」
「以前では決して挑戦しない仕事にトライできた」
「難しい案件にひるむことなく向き合い、やり遂げられた」
「道塾後は清々しく、エネルギーが湧き出てきて、元気になる」
「塾長の『一に勉強、二に勉強、三に勉強、四に勉強…』の信念は、自分への勇気になる」

毎回提出される受講生の感想文に見る変化、成長ぶりには、人はここまで変わることができる！という希望と感動に満ちています。

宇城道塾では、様々な身体検証を繰り返すなかで、**気の通った身体・統一体**がもたらす桁違いな力を体験、それを身心に刻み込ませて元気・変化の源をつくっていきます。

他に類のない実践体験型セミナーです。

夢や希望を持ちにくい現状や環境に疲弊し、多くの人たちが今、エネルギーを失いつつあります。現代において、戦争や自然破壊、災害だけでなく、差別、自殺、引きこもり、依存症、虐待など、様々な問題があります。そしてその多くは必ずしも本人だけの問題ではなく、家庭環境、社会環境が大きく影響しています。しかしだからと言って、それらを批判したり否定したりするだけでは何の解決にもなりません。

大事なことは、そうした課題を一人ひとりが乗り越えていくエネルギーを持つことです。人間は生まれながらに完成形として宇宙からのメッセージとも言える潜在能力を持ち合わせています。それを引き出し、気づかせていくのが、宇城憲治塾長が展開する「気」というエネルギーです。

科学やスピリチュアルの世界の限界が見えてきた現在、宇城塾長の塾やセミナーは、まさにその先にある現実的な「気」の世界の到来を示しています。

本書では、第一章では道塾で学ぶにあたっての基本心得を、第二章では道塾で学ぶ基本コンセプトを、そして第三章では技術、経営、武術、すべてに妥協なく取り組んできた宇城塾長の実践エピソードから、塾長のものの見方、考え方を詳しく紹介していきます。
本書が、受講生の皆様の大きな学びのパワーとなることを願っています。

宇城道塾事務局

宇城憲治に学ぶ「気」とは　◎　目次

第三章　宇城憲治の実践的生き方に学ぶ　41

第一章

道塾で学ぶ「気」の実践とは

道塾で体験する二つの「気」

道塾での学びで体験する「気」には、大きく分けて二つあります。

まず、個人から引き出される「気」。……Ⅰ

礼儀作法の所作や型、さらには宇城式呼吸法などによって統一体になることで、身体が飛躍的に強くなったりスピードが上がったり、柔らかくなるなど、変化をもたらす「気」があります。これは、道塾のテキスト『気の開発メソッド　初級編／中級編』（どう出版）に紹介されている実践プログラムを行なうことで引き出される個人個人の中に眠る「気」です。

もう一つは、宇城塾長が発する「気」です。……Ⅱ

それは、塾長自らはもちろんのこと、第三者にも今の常識では考えられないようなことを実現させるエネルギーです。この「気」によってその場にいる受講生全員が、一瞬にして部分体から統一体に変化し、不可が可となる様々な体験をしていきます。

道塾に学ぶ人が根本的に変化成長していくには、Ⓘによって自らに眠る「気」に気づくことはもちろんのこと、Ⓘによって、常識ではあり得ないことを体験することが非常に大切な要素となります。

ハウツーでは学べない、教えられない「気」

道塾では、Ⓘという方法でまず、日常の礼儀作法や心のあり方、躾などによる様々な身体変化を体験します。日常の所作にひそむ力だけに、まさに目から鱗のような感動があり、またどこでも誰でも即実践できることから、受講生にとっては非常に嬉しい学びとなっています。しかしながらここで勘違いしてはならないことは、道塾の目的は、礼儀作法で強くなるなどの変化をハウツー的に教えることではないということです。

躾の中にひそむ日本文化としてのパワーに気づくことはもちろん素晴らしいことですが、そうした学びを「いいことだ」として、そのまま子供や他人に教え伝えようとするあり方は短絡的であり本来の学びとは言えません。

なぜならば、**道塾の目的はあくまでも、自らが変化し成長することであり**、自らが変化しないまま①の手法を知識として「ハウツー」的に他の人に指導することは、単なるエクササイズになり、いずれその効果は薄れてしまうからです。

またその所作を真に身に付けていない人が指導すると、本質が伝わらず、かえって弊害となります。このことは道塾に学ぶ受講生として、心していただきたい大事なポイントです。

躾、礼儀といった日本文化のパワーについては、『心と体　つよい子に育てる躾』（どう出版）に詳しく紹介していますが、これは各家庭において、子供と一緒に大人こそ学んでほしいと願って制作したものです。これらの内容を人に伝えるには、最低でも塾長に継続して3年以上学び、かつ塾長に許可を得た方に限らせていただいています。（※指導資格については事務局にお問い合わせください）

大切なことは、自らが常に統一体に限りなく近づくことを学ぶことであり、それは同時に心を鍛えるということです。だからこそ、**道塾での学びは、これまでの常識ではあり得ない体験を可能にする、よりインパクトの大きい⑪の実践によって、今の自分に浸み込んでいる常識からの脱却を図ることにあるのです。**

< 変化・成長へ導く　宇城流プログラム >

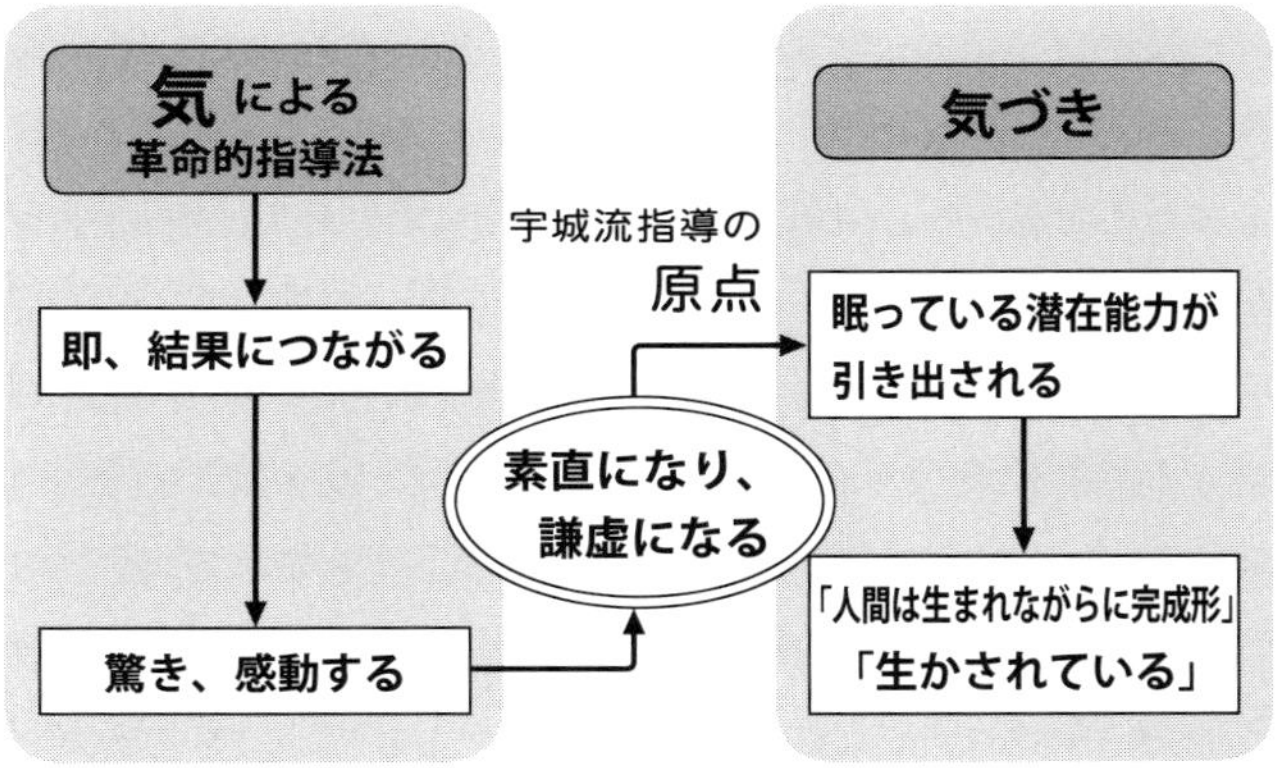

宇城塾の理念

生かされている存在としての自分、

すなわち身体の気づきを通して、人間として成長する。

知識によってつくられた横着な自分からの脱却。

そして何が一番大事なことかに気づくこと。

図1. 宇城塾プログラム

できない自分からできる自分へ

道塾では、前半に講義、後半に実践を行ないます。

前半では、現在私たちがかかえる時事的な問題を含め、直面する様々な課題に対し、長年経営トップとしてまた技術者として、さらには武道家として活躍してきた宇城塾長の生き方、ものの見方、考え方を学びます。

図2の自己改革プログラムは、道塾で行なわれている実践システムフローチャートです。このシステムに従い、塾長がまず「やってみせる」を実践します。次に受講生が各テーマに従い自分で検証をしてみます。しかしほとんどの人ができません。実は、この検証は今の常識では考えられないような事をテーマにしているので、ほとんどの人ができなくて当然なわけです。

しかし、塾長に気を通してもらう方法によって、全員がほぼ一瞬にしてできるようになります。ここが非常に大事な点です。この事実を体験することによって、自分の中に「できない自分」と「できる自分」が同時に存在することに否応なく気づかされるからです。

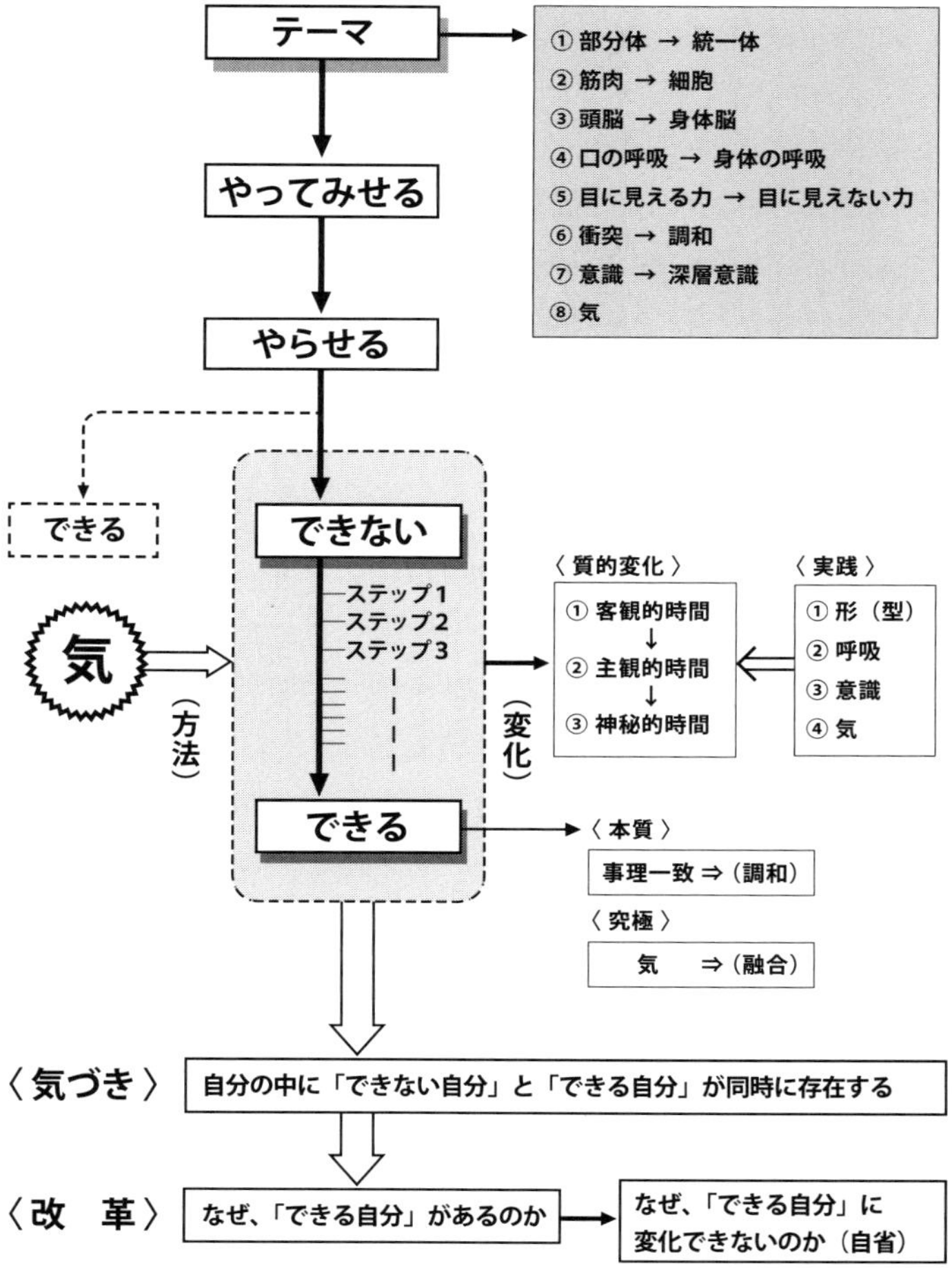

図2．宇城塾　自己改革プログラム

この「できた」という事実は、「人間にはなんて素晴らしい潜在能力が備わっているのか」ということへの気づきの第一歩となります。この気づきこそが、このシステムの最大のポイントです。

なぜなら、本来「できる」自分がありながら、一方で「できない自分」という現実が同居していることを知ることになるからです。このことが、これまでの自分のあり方への問いかけとなり、変化への第一歩となります。実際この気づきにより、これまでに何千人もの人が自ら変化・成長していく体験をしています。

気はどこに働きかけるか

「気」というと大半の人が初めは半信半疑になりますが、実際「気」によって目の前の人や自分自身が変化する体験をすることで、それが確信に変わります。その確信こそ、自分を見つめ直すきっかけとなるのです。

では具体的に「気」はどこに働きかけているのかと言うと、塾長は、それは細胞であると言います。なぜならば、塾長に「気」を通されて身体が一瞬にして強くなったり柔らか

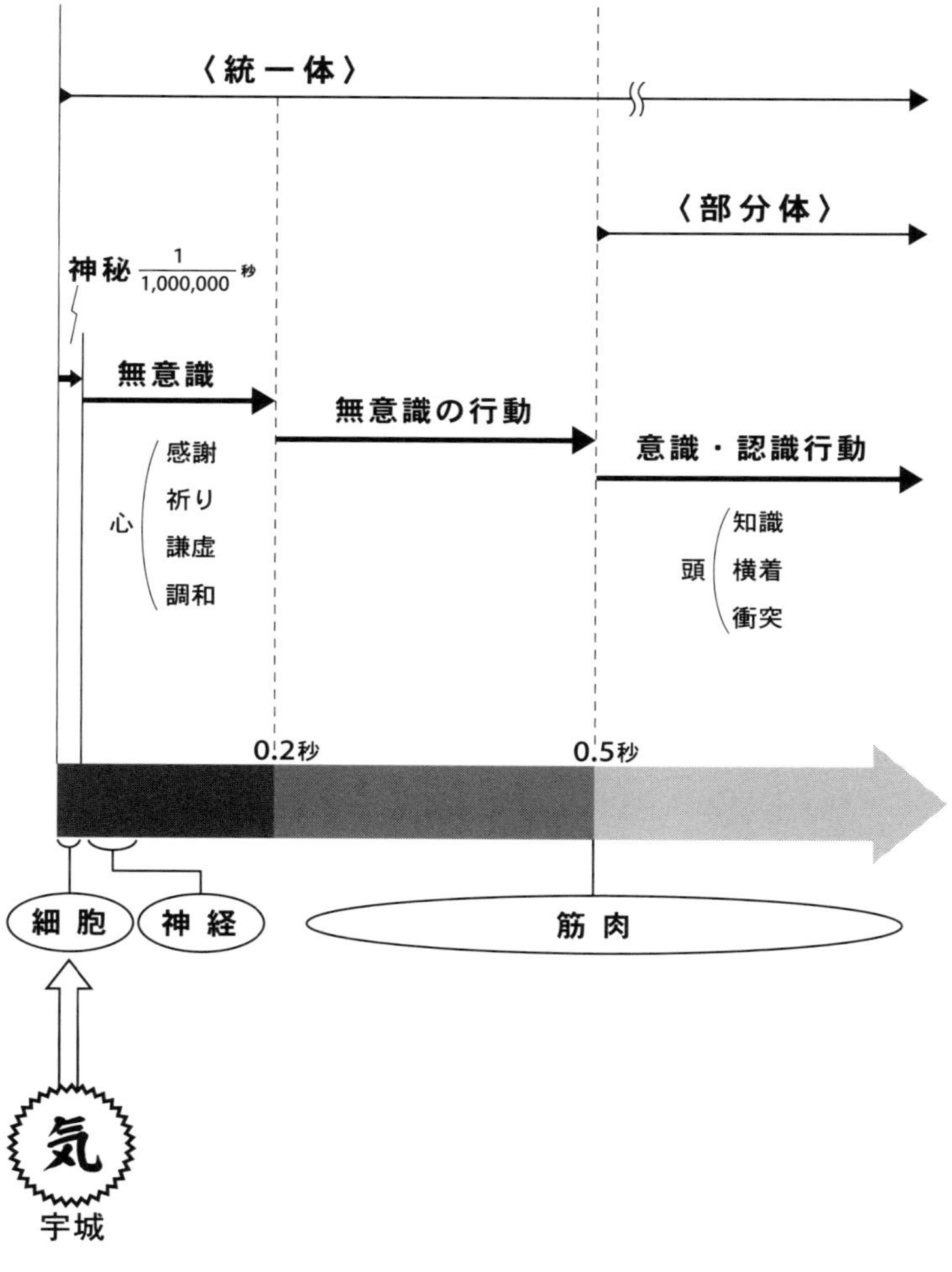

図３．身体時間の時系列と気の作用

くなったりする変化は、筋肉レベルの変化では不可能であり、「気」が筋肉ではなく細胞レベルに作用して変化を起こしている、すなわち活性化させていると考えられるからです。

この気の細胞への作用については、時間の概念が深くかかわってくるのですが、これについては塾長の多くの著書で詳しく解説されているので、参考にしてください。

道塾ではこうした「気」による実践システムにしたがって様々な検証を行ない、人間の可能性を知識ではなく自分の身体を通して体験してもらっています。そのことでもたらされる自己改革によって、幸せになる道が明確になり、ひいては生きていることの意味に気づくことができるのです。

人生の基盤を創る「道」

今、私たちには、経済基盤となる仕事を持ち、食べていかなくてはならないという現実があります。

左の図を参照して下さい。

経済基盤を築く基本には、「やりがい」があるか、「人間関係」がうまくいっているか、「能

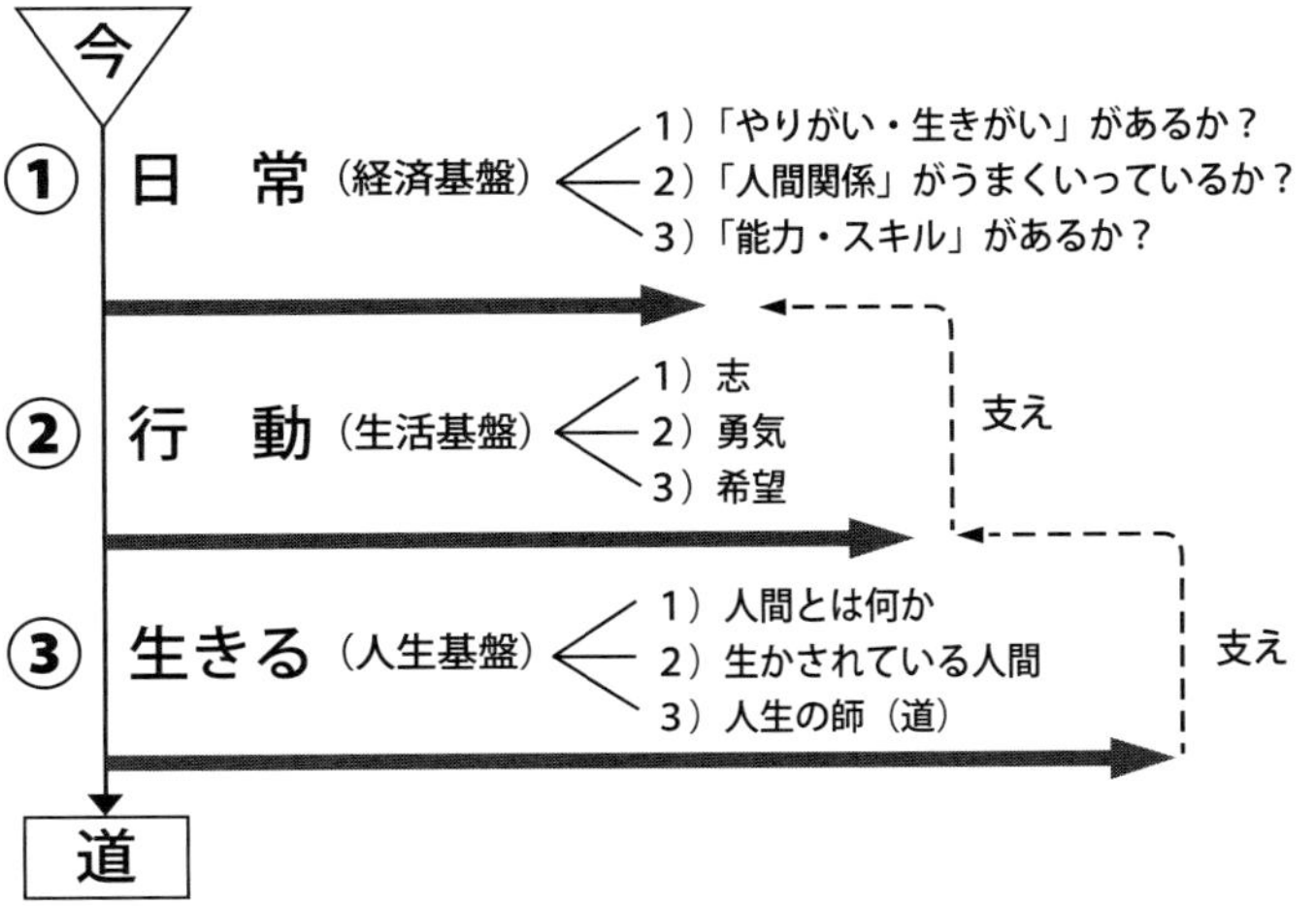

図4．人生基盤を創る進行形プロセス

力・スキル」があるかが必要です。

次に生活基盤の構築です。それには行動です。そこに志があるか、勇気があるか、希望があるかで、行動の質も変わってきます。

そして人生の基盤となるのが、生きるということ。すなわち、人間とは何か、生かされている人間の存在に気づく、人生の師を持つということが大切になってきます。

このように「今」という現実は、経済基盤、生活基盤、人生基盤の３つの要素の度合いの中で回っています。すなわち、今という①②③の段階の支えのフィードバックを通して自己変革が起きるのです。

それは、自分自身の中にある、「現状打破」

への意志であり、まさにその思いこそが将来へのエネルギーです。

ところが、現実としてある「まさか」のような事態が起こった場合、その現実に対していくら自分の志や希望が強くても、力にならない場合があります。

その時に必要となるのが人生という大きな「道」の存在です。「道」は、自分という枠を越え、より大きな生き方への気づきです。そういう意味では「道」とは「師を持つこと」とも言えます。それが今という現実を良い方向に変化させるエネルギー源となります。

②という、「自分の志や希望」があるからこそ、①の、今ある「日常」が助けられるのであり、②の「自分の志や希望」が弱くなってしまった時は、③の「道」が支えになってくれるのです。

すなわち、何かに依存するのではなく、「自分の力」で現実が変わっていく。道塾で実践していることは、まさにこの③の役割なのです。

自分自身で体験し自分の中に持っている潜在能力を開発することによって、誰もがより大きな世界があることを学んでいく、そのためにこの③「道」が必要となるのです。

道塾の大きな特徴は、他力本願ではなく、**自らが気によって不可を可にすることによる自力本願の変化・気づき**にあるのです。

第二章　道塾で体験する実践内容

統一体とは

統一体とは身体をバラバラに捉える部分体ではなく、最初からひとつであると捉えるあり方です。今の身体やその動作のあり方は「要素還元主義」(大きな全体は小さな要素に分割してもその本質は変わらないという考え方)を主体としていますが、これに対し本来のあり方は、全体的な立場、すなわち、全体は単なる部分の集合ではなく独自のものを持ち、部分や要素に還元できないという立場であるべきです。しかし、このあり方だけでは統一体とはなりません。なぜなら統一体とは身体のみでなく、心と身体も一致している状態を言うからです。

人間は1ミリにも満たない一個の受精卵が細胞分裂を繰り返し、60兆個の細胞となって生命を得ます。受精卵はまさしくこれ以上分けようのないひとつの生命であり、その受精

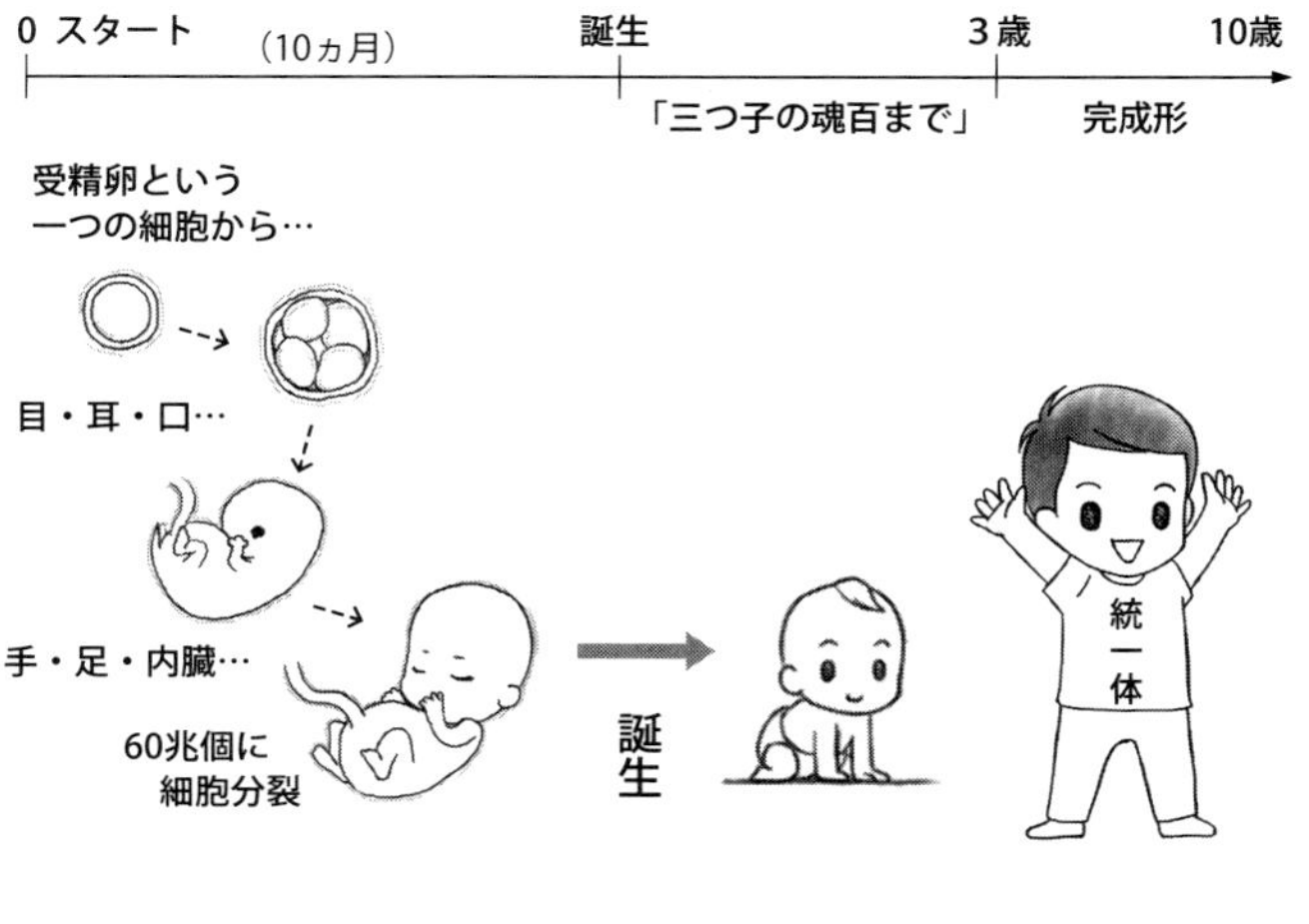

図5．人間形成プロセス

卵から目や耳、口、手、足、内臓など人間にとって必要なものがお母さんの胎内ででていくわけです。したがって最初から一個体、ひとつとして捉えるのは当然なことであるのです。

この統一体としての捉え方とその統一体の力の発揮の根源は、細胞の活性化にあります。

今の常識は、心や身体すべてを部分体として捉えるのが現実となっています。部分体というあり方は人間の思考や身体をわざわざバラバラで捉えるあり方で、その典型は、筋力を使った、手なら手、足なら足と、部分を鍛える西洋式トレーニング方法や、要素還元主義に基づいて、すべてを部分分析する科学のあり方です。
そうした部分体としての現在の生活様式や教育のあり方は、本来あるべき人間の力を発揮できなくする最大の要因となっています。せっかく何事も自然体で捉えていた子供たちが、その後の教育や環境で、頭や知識を優先するようになり、部分体化されてしまうからです。

まさに、その弊害は教育現場だけでなく、スポーツの現場でも同様で、強さ＝筋力＝鍛えるという分析型の身体論によって、ますます身体が部分体化されてしまっています。

こうした現状のあり方の解決方法が、**部分体から統一体にすること**にあるのですが、それにはまず、私たちが現在、身体も思考も部分体に陥ってしまっている現状に気づかなくてはなりません。そこで大事なことは、統一体にある人間力と、今の常識にある部分体とがいかに次元が違うか、その明確な差を体験するということです。

道塾では、そうした差を自分の身体で体験していきます。すなわち、今の常識としてある頭・意識を命令とした身体や筋力の使い方ではなく、心を発動源とした細胞を働かせるあり方による異次元の力を体験することで、人間本来の力を取り戻すきっかけをつかんでいくということです。

身体の呼吸とは

通常の一般的な呼吸は、口や鼻で吸って吐（呼《は》）いての呼吸であり、これはもちろん、生命体にとっては大事な呼吸です。しかしそれだけでは、身体に気を流す状態、すなわち身体の呼吸ができている統一体の強い状態にはなりません。

私たちは何かをしようとする時、たいていの場合、「意識」が働きます。意識には一度にひとつのことしかできない単一性という性質があって、それは一方で身体の居付きを生じさせます。この居付いた状態は、まさに「身体の呼吸が止まった状態」の典型です。

それは例えば腕相撲で相手を倒そうと力を入れた瞬間に身体が固まるような状態を言います。このように呼吸が止まった状態では、身体に気が流れず、本来の力を発揮することができません。

図６．気に満ちるとは

気の流れが止まるとは、例えば、電線を日本から地球の裏側まで引いたとします。スイッチを入れれば瞬時に地球の裏側でも電気がつきます。同じように水道ホースを引いて蛇口をひねったらどうでしょうか。蛇口をひねって水が反対側から出るまでに相当な時間がかかります。しかしこの水道ホースの中にすでに水が満たされていたら、瞬時に水は出てきます。

この、ホースに水が入っていない状態を、「身体の呼吸が止まっている状態」、逆に満たされている状態が「身体の呼吸ができている状態」すなわち、身体が気で満たされている状態ということです。

身体の呼吸が通っている状態と身体の呼吸が止まっている状態とではすべての活力のスピードが違ってきます。中に水がつまっていたら、すなわち「気」が満ちていれば、即「今」が変化します。しかしホースに水が入っていなければ活動に時間がかかり「今」が変わりません。それは個人的な事だけではなく、まさに社会現象としても同じことが言えます。

重力（大地とつながる力）を取り込むとは

道塾での様々な検証で顕著になるのが、**統一体になると身体が重くなる**、ということです。体重計で計った重さは一定であるにもかかわらず、後ろから抱きかかえると、先ほどまで軽々と持ち上がっていた人が、急に持ち上がらなくなるのです。この重さはどこから生じるのでしょうか。

まさしく、この重さこそが重力によって生じる力であり、その状態を道塾では**「大地とつながる（力）」すなわち、大地に融合する（力）**という表現をしています。

植物は大地から養分をもらって成長していくように、本来人間も大地からのエネルギーを受けているはずです。それが重力だと考えます。重力の発生源は大地である地球であり、その地球とのつながりの度合いによって、重力の度合いも変化し、かつ重さも変化すると

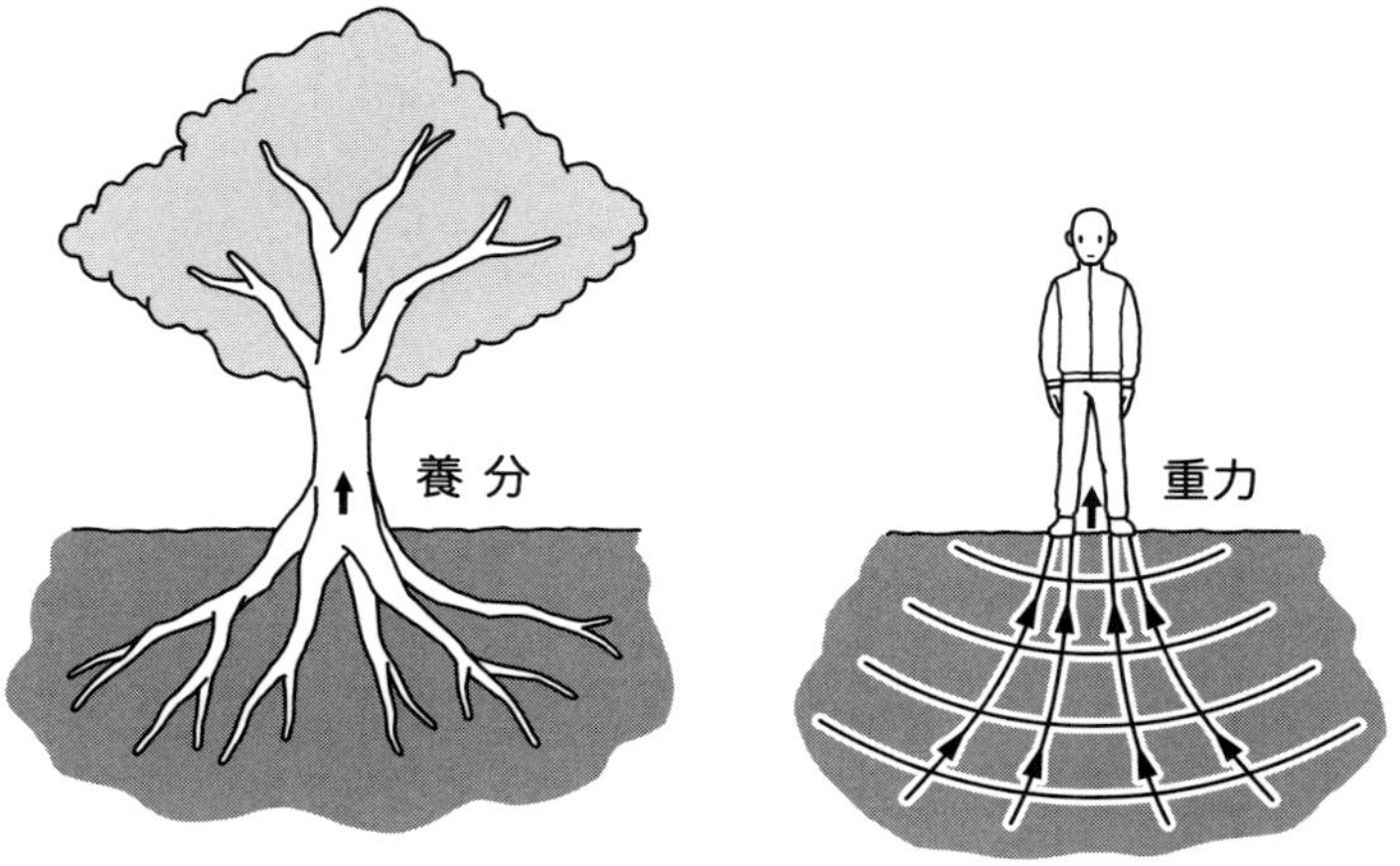

図7．大地と融合

いうことです。

重力を受け身体が重くなり、持ち上がらない状態になると、重さが変化するだけでなく、ほかに様々な変化が出てきます。

寝た状態の人の腹に乗るとそれまで悲鳴を上げていたのに、今度は何ともないほど強くなっていたり、びくともしなかった相手を瞬時に投げられたり、叩いても痛がらないなど、明らかに身体が強くなり、また身体のスピードが上がるなどの変化が起きます。

何故このような力が生まれてくるのか。それは、重くなるということは、その人の体積は同じなので、結果身体の密度が増し、その分、身が締まり、それだけ身体に弾力と力が増すということになるからだと考えています。

このことは、今の常識とされていた、体重は一定であるという考えや、筋力トレーニングによって力をパワーアップするという考えとは、次元が違うことが分かります。

地球の重力を取り込むことができれば、すなわち重力に融合することができれば、今の常識にはない自在なスピードや力の存在が別の力としてあることを実証できます。

まさに私たちが宇宙、地球とつながる力によって、すなわち自然と調和することによって「先《せん》を取る」ことができ、今の常識では考えられない力が発揮できるということを実証しているのです。

質の悪い力と質の良い力

道塾では、検証実践を通して様々な種類の力を体験します。力と言えば、今の常識では、筋肉からくる力のことを言いますが、本来の人間の力とは、筋力ではなく、細胞そのものからくる調和力のことを言います。

力には大きく分けて**意識の力**（頭の命令による筋力からくる力）と**無意識の力**（心の発動による細胞からくる力）があります。

さらにこの意識からくる力には二つあります。一つが、単なる筋肉の力と、もう一つが居付いて固まっている力です。

塾生が初心の頃に、よく本来の「力」と勘違いしがちなのが、この後者の「居付いて固まってしまう」力のことで、道塾では「質の悪い力」と呼んでいます。

1：5の腕相撲

この「質の悪い力」については腕相撲を例に説明すると分かりやすいのですが、例えば、普通の想定ではあり得ない1対5人の腕相撲をする際に、押さえる5人の側の力において、先ほどの二つの力があります。

一つは、本気で強く押さえる力であり、もう一つは、あえて「絶対押さえ込んでやるという意識」をもって強く押さえる居付いた力です。

後者の力は、意識を一点に集中した、言わば「何がなんでも押さえつける」といった押さえ方ですが、この押さえ方は、実は「閉じた力」になっています。すなわち自分本位の、閉じた状態の力となっているのです。この「閉じた力」というのは身体の呼吸を止めてしまいます。木にたとえれば、「枯れ枝」に似た状態です。したがってある限界点を超えると柔軟性がないために簡単に折れてしまうという、危険な状態の力でもあるのです。

また、この状態の力は、力が一ヵ所に集中しているので、見かけは非常に強いように見えますが、実はこの力で押している5人を横から第三者が押すと、簡単に崩れてしまいます。それほど弱い状態にあるのです。5人の中に1人でもそういう「閉じた力」の状態の人がいれば全体も弱くなります。武術で言えば、隙だらけの状態であり、まさに自ら危険な状態に陥り、また陥らせていることに気づかねばなりません。

先ほども述べたように、この居付いた力を、道塾では「質の悪い力」と呼んでいます。

この「質の悪い力」に対し、道塾で学んでほしい力が「質の良い力」です。あえて言えば「調和する力」と言えます。

先ほどの腕相撲の例で言えば、5人が居付きのない力で本気で押さえてきたのに対し、通常の力では絶対引っくり返すことはできませんが、細胞の力を使う統一体になると、5

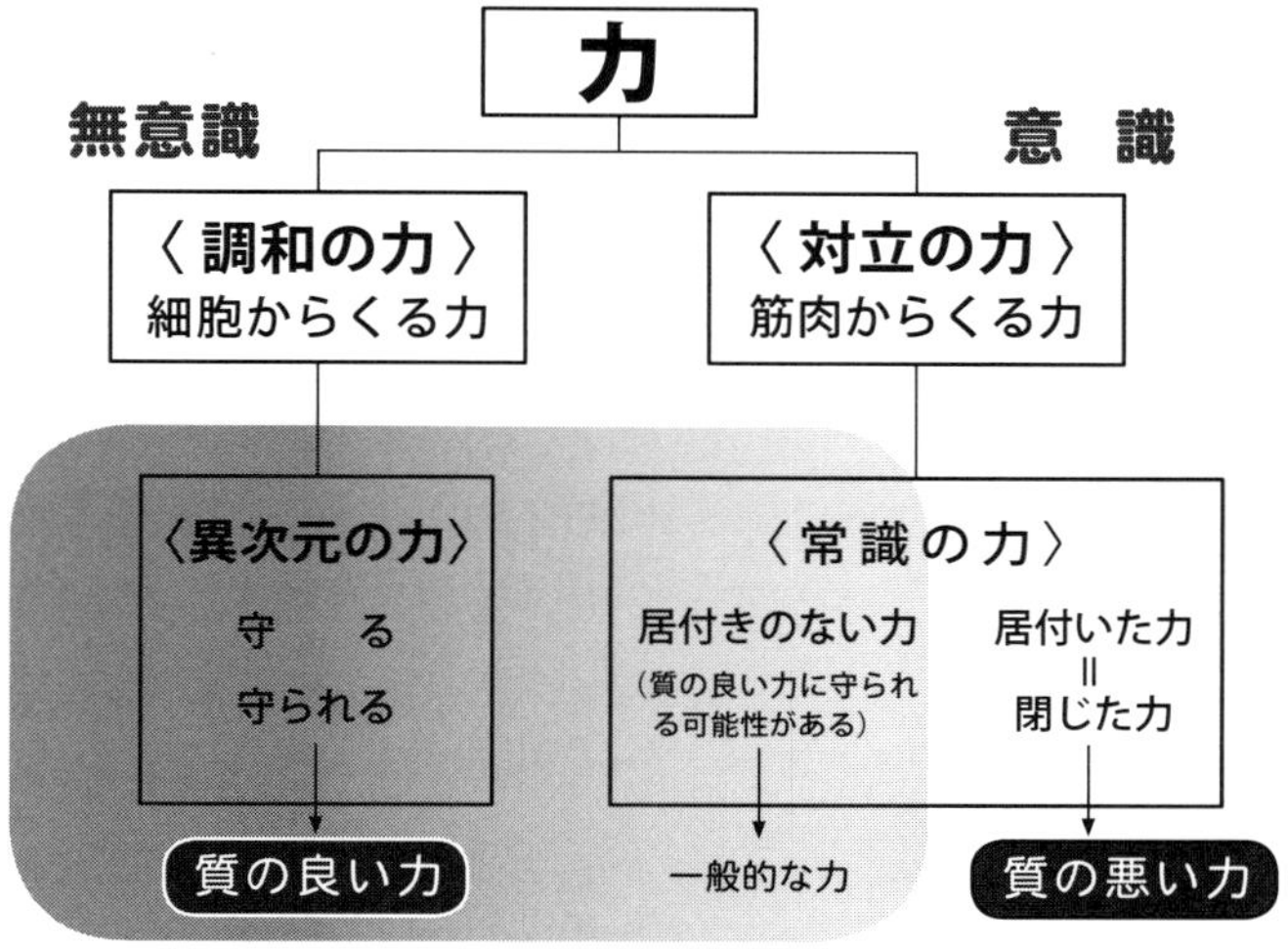

図８．質の良い力・質の悪い力

人を引っくり返すことができます。

統一体は調和の力でもあるので、５人を包み込むことによって相手の力がこちらに調和融合され無力化されるからです。したがって５人でも10人でも20人でも、数に関係なく同じことができます。

またこの時の５人を第三者が横から押しても、今度はびくともしません。５人が引っくり返されながらも同時に強くなっている、それは調和力によって全体が守られるからです。この守る、守られる力を「質の良い力」と呼んでいます。

この「質の悪い力」と「質の良い力」の差の根源にあるのが「時間」です。それは筋肉の時間とは桁違いの速さを持つ細胞の時間との差からくるものです。時間はすべての根源です。すなわち時間＝命とも言えます。

個の時間は卵子と精子の結合の瞬間、すなわち受精卵の時点からスタートします。その受精卵は自動的に、しかもドミノ式に細胞分裂を始め、お母さんのお腹で完成されていきます。誰か設計者がいて、設計図通りに部品が組み立てられて完成する自動車や飛行機などとはわけが違って、人間誕生のプロセスは神秘そのものです。したがって生命体の持つ時間と調和融合することができれば、先ほどのような腕相撲も可能になるわけです。

今の常識としてある力は対立衝突の力です。対立しているから大勢のほうが強いとか、女性より男性が、子供より大人が強いということが常識となるのです。決して、調和融合の力が新しい概念なのではなく、むしろ対立衝突のほうが私たちが勝手につくり出した力なのであって、人間本来の力ではないということです。

より拡張して考えると、調和融合は平和の力であり、対立衝突の力は争い、戦争の力です。だからこそ、元々備わっている人間本来の力を取り戻すことが大切なのであり、またそれが平和すなわち幸せへの道につながっていくのです。

第三章　宇城憲治の実践的生き方に学ぶ

気による革命的指導法に至るまで

宇城塾長は、空手の師・座波仁吉師範の下、学生時代から空手を始め、最年少で第2回全日本空手道選手権大会に出場を果たしています（昭和46年）。座波師範に師事して40年、技だけではない、人生そのものを徹底して学んできました。

例えば、座波師範に「これでいいですか」と尋ねれば、「それでいい」という答えしか返ってこない。その裏には「自分で気づかない限りは何を言っても無駄である」という座波師範の厳しさがありました。だからこそ塾長は「自分で気づいて学ぶ」という一貫した覚悟をもって、24時間、座波宗家に学び続けてきたのです。

もともと幼い頃から戦闘機乗りであった父に厳しく育てられた宇城塾長は、嘘をついたり言い訳をしたり理屈を言ったりする世界とは無縁の教育を受けてきました。失敗は成功のもとではなく、失敗は失敗のもと、という父の独自の哲学がその後の塾長の生き方に大きく影響し、それがまた、厳しい座波師範に師事する土台となったことは間違いありません。

宇城塾長はさらに、空手道五段の時に、無双直伝英信流の居合を川崎武雄師範に師事し、通常入門して5年くらいは模造刀で稽古するのを、1週間後には真剣を使い、また入門して2ヵ月で優勝したのを皮切りに、その後全国各地の試合で、連続10年、50回以上優勝するという、後にも先にも誰も成し遂げたことのない記録を残しています。

そこでは勝つことを目的とするのではなく、試合を通して、「勝つことの意味」を自身に問うたと言います。それは競技スポーツとしての勝ち以上に、居合の原点にある侍の生き様や、真剣という侍の魂・日本刀を通しての術技を求めたからこそです。

このように塾長は自らに様々な課題を課し、すべてを事理一致という己の内面を克服する稽古に結びつけていったのです。

文武両道に生きてこそ

そうした厳しい武術修行の一方で、宇城塾長は、長年ビジネスの場で、30代前半という若い頃から経営に携わり、40代には一部上場グループ企業の社長を務め、自らエレクトロニクス開発技術者として活躍してきました。

ビデオムービーの電源に関しては、当時の松下電器のマックロードムービー一号機から携わり、開発の最先端を歩んできました。また、アメリカ・シリコンバレーで半導体メーカーとＩＣの開発に取り組んだり、ＮＡＳＡとのスピンオフでの共同開発や、イリジウム衛星携帯電話では技術開発本部長としてプロジェクトを引っ張り、１日何時間ではなく１週間で何時間寝たのだろうか、というほどの凄まじいビジネスライフを生き抜いてきたのです。

そうした強烈な企業人としての体験をするなかで、宇城塾長の中で時間の概念が変わっていったと言います。

今、宇城塾長が、時間を自在にコントロールし、空気の流れを変え、相手に入ったり、相手を居付かせたり、無力化したりできるのも、まさにそうした武術修行とビジネスにおける半端でない実践での経験が土台となって、世界に類を見ない塾長独自の「気」が生み出されたのです。

現在、宇城塾長は、国内においても海外においても、あらゆる分野でオープンに指導をしています。「オープンにする」ということは、それだけの裏付けがないと到底できないことであり、何より、筋力で対応していないからこそ、それが可能であるということです。

具体的に言えば宇城塾長の指導は自らが「やってみせる」というところにとどまらず、その人が到底できないことを、気を送ることで体験させてしまうという画期的な方法です。

それは、一人二人に対してだけでなく、一度に100人や200人に同じ事を体験させられるという、一般的には考えられない革命的指導法です。

こうした画期的指導を受けた多くの人々が今、気づき、内省を深め、本来の人間としての生き方へ加速して移行し始めています。そのエネルギーの根源には、常に「人間が生まれながらに持っている潜在能力に気づかせ開花させる」という宇城塾長の確固たる指導理念があります。

毎回提出される受講生たちの感想は、人を変化に導く宇城塾長の「気の指導」の奥深さと同時に、人間の潜在能力の凄さを証明しています。

以下に、宇城塾長の会社時代の様々なエピソードを聞き取りしてまとめたものを紹介いたします。技術者、開発者、さらには経営者として、様々な困難を乗り越え、常に時代の先端を走り続け、新しい世界を築き上げてきた塾長の仕事上での実践を知ることは、多くの受講生にとり、前に進む大きな原動力となることでしょう。

全体でものを見る

宇城塾長の指導の根幹には、常に「そこにある法則性を見出す」という視点があります。そういった視点は、もともと宇城塾長にあったものであるかもしれません。

それは例えば、塾長は学生の頃、英語のスペリングコンテストで満点をとって一位になったことがあるのですが、この時の集中した勉強の仕方が普通のやり方とはだいぶ異なっていたからです。

「勉強といっても私のやり方は普通のやり方とは少し異なっていて、別にガリ勉をするわけではありません。要するに集中の問題なのです。常に全体先にありきという考え方です。したがって一日に少しずつやっていくのではなく、最初に全部、例えば200頁の単語帳であれば、まずは最初に200頁全部をばーっと覚える。分からないところには丸印をつけておく。そして次には、印のところのクリアを目指すわけです。それを繰り返して短期集中式に全部をマスターするといったやり方でした。

そのようにして集中してやっているうちに、覚えやすいもの、覚えにくいもの、そのクリアの仕方というものの法則性が私なりに見えてくる。それさえつかめればしめたもので、あとはトントン拍子に進めていくことができたのです」

「それは空手の技術の習得についても同じことが言えます。突き詰めていくと必ずそこに法則性あるいは普遍性というものが存在するのが分かるのです。枝葉的なことばかりを細かく追うのでは進歩は容易に得られません。一歩間違うと、方向がずれてとんでもない回り道をしてしまうことになるからです。回り道であればまだいいのですが、誤った方向に行ってしまって戻れないことにもなりかねません。

しかし、全体先にありきとしての原理・原則さえしっかり理解して進めば、見た目が違うように見えても、本質からはそう外れているものではないのです。冷静な目で見ると、それはわずかな応用、変化にすぎないことにも気づくことができます。法則性さえ分かれば、どんなことでも理解が早くなるし無駄もなくなります」

法則性を理解する――その塾長のあり方は仕事にも大いに効果が発揮されました。

「私が仕事の報告をする場合も、まずは全体を頭に浮かべることから始めます。例えば10の柱があったとしたら、まずはそれを大きく5つくらいにまとめ、それをさらに3つにし、最終的に1つにして結論を導き出すというあり方です。常に全体先にありきをスタートとして要点を絞っていくので、本質からずれることがない。ですから私の報告は、くどくどとした説明が一切ない、簡潔そのものでした」

「保険会社に2年弱勤務した時もこの『全体を見る』を徹底しました。そのため入社して3ヵ月後には、成績最優秀を維持できました。

よく保険の説明などで、いくつものパンフを見せられ、いろいろな種類の保険や説明がなされることがありますが、そのような細部から示される説明では、相手に肝心な情報が伝わらず右往左往させてしまいます。大事なことは、まずは凝縮された情報（全体）から説明を始め、相手を集中させるということです。あってはならない事ですが、生命保険というのは万が一のための保障であり、そういう意味では『年金保険は長生きに対しての安心保障である』が全体です。そして加入される側の人の状況に合わせて、すなわち相手の立場になって最もいいものを提案していくということです」

「説明する際に、本質からずれ、周りをうろうろして相手を引っ張り回しながら結論に引っ張っていくやり方をする人がいますが、これはとても無駄が多いし、第一真実に迫っていないと思います。裏を返せば、説明する本人が、その内容に対しての考えが突き詰められていない、ということでもあるのです。

その原理原則を徹底して突き詰めて自分なりの結論に至っているならば、回りくどい説明など必要ないはずです。しかし根底に自分の欲と虚構があれば、相手との信頼を築くことはできないので、そもそも説明は成り立たないのです」

このように塾長が何かの話をしたり、講義をする際には、常に自分なりの結論というものがきっちり頭の中に存在するのだと言います。それを理解してもらうために、どういった形で話せばいいのかというシナリオがすでに存在するということですが、相手が理解できていないと感じる時は、その瞬間に相手に理解してもらえる別のシナリオに移し替えて話をするのだそうです。

現在、道塾で行なわれる時事や最先端の科学などについての塾長の講義内容はその深さといい、驚くべきものがありますが、それは一体どこからくるのか。それは普通とは全く異なる塾長の情報収集の仕方から見えてきます。

塾長は情報は知識を得るためではなく、常に「実証先にありき」を原点として収集します。例えば、「今の知識」という理屈では真実は見えないとして、可能な限り、世界各地への現地視察という体験を元に情報を得るようにしています。また単に書物から知識を得るのではなく、あらゆる分野の書物を読み、それらと自分の考えを照らし合わせてみるなどして、広い視野から吟味検討するあり方を実践しています。したがって、書物を読むスピードや量は中途半端ではありません。それは実証先にありきを通して本質が見えているからです。多くの書物は理論、理屈が先行していて、部分追究になってしまいますが、実証先にありきは、全体という捉え方を可能にするのです。

人を活かす

塾長の仕事時代の話で印象深いのが、常にどんな時も、部下の心をひとつにして目標に向けてまい進する塾長の姿です。そこにはどんな状況下にあっても、まずは塾長自身が最前線に立ち、自らやってみせ、皆を引っ張っていくという、現在の道塾につながる塾長の姿があります。そのような上司としての塾長のエピソードを紹介します。

大学卒業後、地元宮崎の企業に就職した塾長が最初に配属されたのは現場の工場でした。その年に初めて大卒を採用したというその企業で、30メートルラインの管理を任された塾長に、周囲からは「大卒だからといってたいしたことができるわけがない」という大変冷ややかな目が向けられたと言います。

「作業としてはまず新しいラインをつくる必要がありました。そのためにそれまであった各ラインから一人ずつを提供してもらったのですが、その人たちは全員女性で、良く言えば個性ある女性、見方を変えればアクの強い、つまり遅刻ばかりして皆に迷惑をかけていたり、茶髪にしていたり、人間関係をうまく築けない人たちでした。つまり会社にとっては言わばお荷物的な、扱いにくい人で構成されたラインであったわけです。

そういう人たちを上手く使ってラインをつくらねばならなかったのですが、私にとってはそれほど苦になりませんでした。それは、それまで空手の監督や指導をしてきた経験や、学生の身分でありながら、当時自動車より高価だったバイク・ホンダＣＢ７５０（当時日本で５台しかなかった）を手にし、その縁でいろいろな社会人との出会いがあったりしていて、人との付き合いには慣れていたからです」

「一般的な目で見ると私のラインの人たちは扱いにくい癖のある人たちでしたが、そういう人たちを少し視点を変えて捉えれば、個性的でとてもいきいきしていました。例えば、工場のある地域で行なわれたバレーボール大会などは、工場から出た選手10名のうち、８名は私のラインのメンバーでした。他のレクリエーションの時でも、主体となって盛り上げたり、他の人たちを引っ張ったりしているのは彼女らでした。私はそういう仕事以外のところで彼女たちの能力やいいところを見出し、彼女らの中にある『やる気、馬力』を見抜いていたのです。ですから私は、そういう彼女たちの『良さ』を仕事にも活かしてあげたいと考えました」

そこで塾長はラインのやり方にいろいろ工夫をしたと言います。ラインというのは通常、熟練していないと生産性が落ちるという理由から持ち場が固定されていましたが、塾長はあえてメンバーにローテーションを組ませ、1週間交代で全員の持ち場を替えたのです。

慣れるまでは不平不満があり多少の時間を要しましたが、慣れてしまえばライン上のどの持ち場でも全員が仕事をこなせるようになり、長い目で見たら大変効率がよいことが分かりました。

塾長がこのやり方を通したのにはもうひとつ理由がありました。それは、ラインのどこでも作業ができるという事は、作業者の融通がきくわけで、ラインを1時間くらい抜けさせて当時若い子が取りたがっていた車の免許を、工場横にあった自動車教習所に通わせて取らせるためでもあったのです。

「残業も絶対にさせないようにしました。残業がなければ、地域のいろいろな行事にも参加できるし、気分転換や張り合いも出てきます。力で縛りつけるだけでは少しもお互いのためになりません。そうした考え方は、空手部で後輩を指導した経験が大いに役立ったし、その時にはすでに確固たる信念にもなっていたのだと思います」

しかしながら、当時の工場では不良品がたくさん出てしまうという課題がありました。

例えば一日に700台のものを流したら、100台くらいの不良品が出ていたのです。そんな状況であったので、1週間も経つと不良品の山ができ上がり、それを修理して完成品にする手間は大変なものでした。

そこで塾長は独自の工夫を試みます。

「ふつう生産量を増やそうとすると、ラインの速度を速めて数をこなすことを考えます。不良品が出るけれども、流す量も多くなるので、それだけ生産量も増えるという考えからです。しかし私はこの真逆を考えました。すなわち、ラインのコンベアの速度を落とし、700台流していたのを600台くらいにしてみたのです。そういう私の常識はずれのやり方に、先輩社員からは非難が集中しましたが、私の理屈は、『ラインの速度が遅い分、念入りに見ることができ、不良品が減少する。不良品が減れば効率も上がる。そのようにして丁寧に作業することに慣れていったところで、速度を段階的に上げて数を増やしていけばよい』というものでした。しかしながら、この方法で少しは良くなったものの、不良品は相変わらず出ていたのです」

「私は、いくら丁寧にやっても不良品が出るということは、作業者の問題というよりは、設計上の問題ではないかと考えるようになりました。当時私は一新卒社員にすぎませんでしたが、設計図を見てみると、設計そのものに問題があることが分かりました。設計上の問題は100％不良品につながる。誤りは誤りとして正すべきという思いが強かった私は、独自に改善点を図面や仕様書に書き込み、本社に送り、その対応が遅ければさんざんやりあいました。

しかし、どうしても設計が満足いくものをつくってくれないことに失望した私はついに辞表を出したのです。ところが取締役工場長が、直接大阪の本社の開発に出向くことを勧めてくれたのです。大阪の本社に移った私は『あんな苦労を工場のみなにさせてたまるか』という思いで、来る日も来る日も開発、改良を重ねる日々を送りました」

これ以降、塾長は開発技術者として、本業のリレー（継電器）の開発をはじめ、留守番電話や水道メーターの電子化、自動販売機のルーレット、有機ＥＬなど、つぎつぎと特許を取り、技術者として桁違いな開発に携わることになります。

根本原理を突き詰める

塾長は20代から30代の頃にすでに特許を20数件とっていたそうですが、これは塾長の仕事に対する向き合い方が大きく影響しています。塾長は常に、何かの研究、開発に携わると、最初に必ずその根本原理を徹底追求せずにはおれませんでした。なかでも塾長の印象に残っている開発は、リレーという継電器の設計を手掛けた時だったと言います。

「リレーという継電器にしても、それをただ真似をして同じものをつくるのは簡単です。多少手を加えて改良したものをつくるのもそう難しいことではありません。しかし、元にあるものを飛躍的に進歩させたり、発想を変えて新しいものを生み出すことは非常に難しい。私が多くの特許を取ることができたのは、必ずそれらの根本原理を徹底して追求し完全に理解してから、新規性、進歩性を見出す研究や開発にあたっていたからです。根本原理が理解できていれば、応用はたやすいし、単に『改良』という枠を超えて、新しいものを生み出すこともさほど困難なことではないのです」

「リレーというのは、機械部品でありながら、電気をコントロールするシーケンサーとして使われるので、妥協が全く許されません。しかしリレーによる事故は当時多発していました。私はその原因を考えてみました。そしてその根本原因は、電気を開閉するリレーのスイッチ、すなわち『接点』部にあるのではないかということに気づいたのです。

接点というのは、たいてい銀とほかの金属、Ｃｄ、Ｎｉ、Ｉｒなどの合金が使われます。そこがカチャカチャと動くのですが、その接点の開閉時の過渡現象、すなわち接点が開いている状態から閉じる状態に起こる現象に事故を起こす原因があることに気づいたわけです。すなわち開閉時における突入電流とアーク放電（高圧放電）によって接点が溶融することによって溶着し、開閉機能がなくなるという現象です。そこで私は『どうしたら溶着しないか、つまりくっつかないか』を考えました。そしてそのためには、まずその根本の、『くっつくということはどういうことか』、その研究を進めることにしたのです」

その研究、勉強の仕方は塾長ならではの独自のものでした。とにかく塾長は、周りに頼らずに独自に勉強を進めていきました。当時リレーというのは京都長岡に中央研究所を持つオムロンという企業がトップでした。調べるとオムロンのリレーの開発者である植草源三という方が、たまたま塾長が住んでいるご自宅の近くに住んでいることが分かり、塾長はお酒を持って植草氏のご自宅に、「教えてください！」と訪ねて行ったのです。

ライバル会社の人間に指導を乞うなど普通はあり得ないことですが、そうやってまっすぐ飛び込んできた塾長を植草氏は温かく迎え、いろいろと教えてくださったそうです。

また塾長はリレーとはそもそも誰がどういう考えで発想したのか、その開発者の思い、原点を知りたいと多くの文献を読みました。当時給料の1／4もする本をドイツから取り寄せ、辞書を片手に勉強したのもこの頃でした。

その時期、世界的なリレーのメーカーであるドイツのシーメンスという会社のハンサワーという人が考えついた理論が、シーメンスと提携した松下電工の小林社長によって日本語に翻訳され出版されていたのですが、その理論が、塾長がある時通常の業務が終わったあとにピーンとくるものがあって徹夜でまとめた理論と全く同じであったそうです。全く一から自分の力で辿り着いた理論が、ハンサワー氏と同じ理論であったことは、塾長の大きな自信となりました。

さらに勉強したいと塾長があらゆる参考文献を読んでいると、必ず文献に出てくる名前がありました。それが、当時日本でリレーをはじめ機械部品研究の第一人者と言われてい

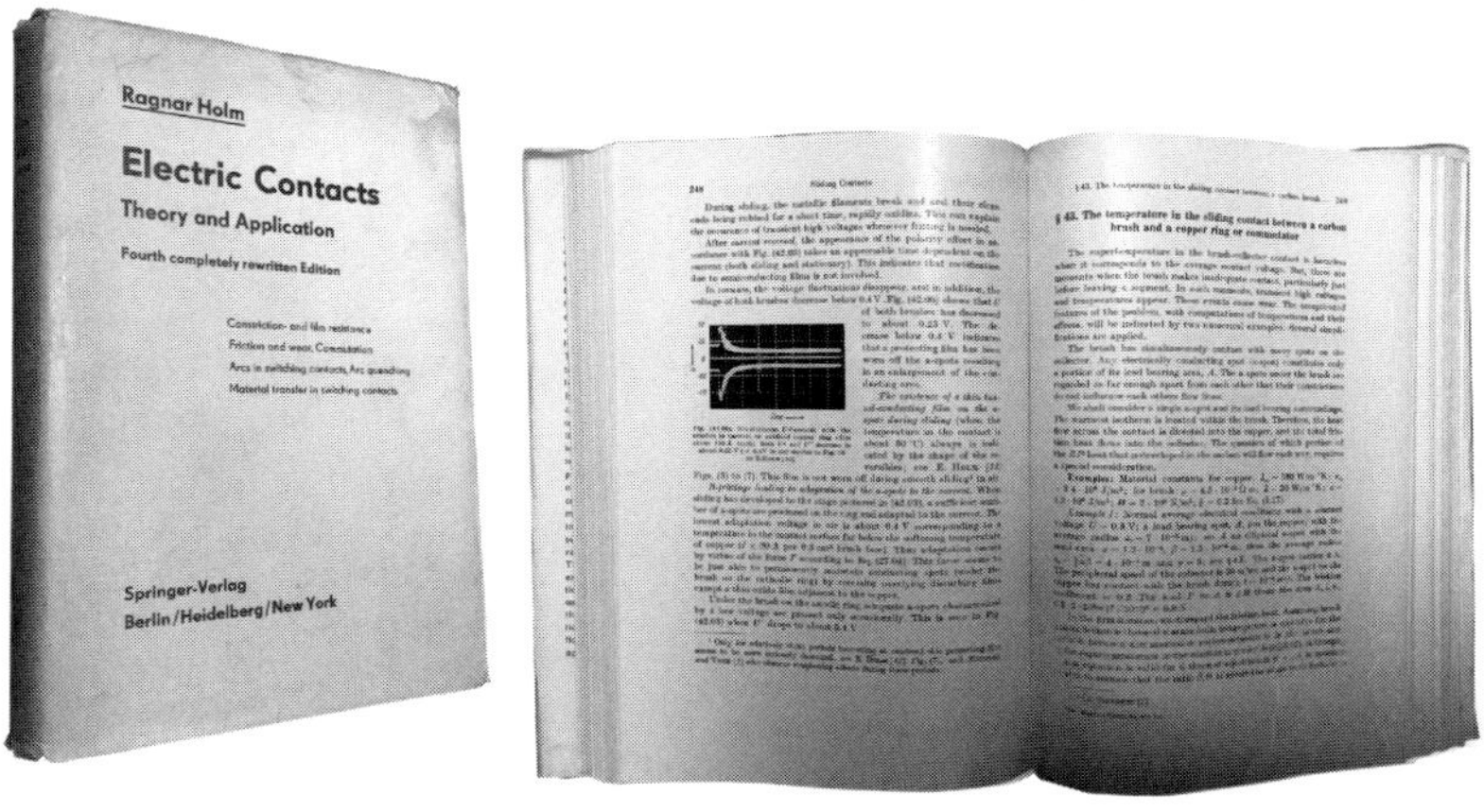

ドイツから取り寄せた書籍

た東北大学名誉教授の真野国夫先生でした。塾長はこの真野先生に直接会って教えを乞いたいと行動します。

「文献では東北大学教授という肩書きでしたが、調べると真野先生は名古屋の名城大学に移られていたので、とにかく訪ねて行くしかないと水曜日の午前中にいきなりお邪魔する事にしました。なぜ水曜日の午前中だったかというと、当時水曜日の午前中は毎週新幹線の定期点検の日で運休だったからです。真野先生はお忙しい方なので、いきなり伺ってもなかなかつかまらないだろうから、新幹線が動かない水曜日の午前中は出張はされないだろうと勝手に考えたわけです。

私自身は新幹線が動かなくても大阪・名古屋間は近鉄が使えるので即行動しました。その日は会社を休んで真野先生を訪ねていったのです。今とは違い、当時はインターネットでの情報など何もなく、知りたい一心の、ほとんど一か八かの賭けのような訪問でしたが、幸い真野先生はお出かけになっておらず、突然訪ねていった私を快く迎えてくださいました」

真野教授の研究室には飛行機がたくさん飾ってありました。戦闘機乗りの父を持ち、塾長自身も航空工学を勉強して詳しかったことから、真野先生とはいきなり飛行機の話で話がはずんだと言います。アポなしで、しかも飛行機に詳しい塾長の突然の出現に、真野先生はたいへんびっくりされたそうです。

「真野先生に『何しにきたのですか』と問われ、『リレーをつくっている会社で仕事をしていますが、学会や本などで調べると真野先生のお名前が出てきますので、ご教授いただくためにきました』と答えました。すると真野先生は『では、何が聞きたいのですか』と聞かれたので、私は思わず『その何が聞きたいかの要点が分からないのです』と言っていました。まさに、全体を見るという私の癖がそういう発言をさせたのだと思います。部分的には分かるところは多々あるのですが、完成品というのは全体であり、しかも機械部品なので他との連携で使われるわけですから、全体を捉えたいと思うのはなおさらのことなのです。何が聞きたいかの要点――本当にそれが私が機械部品、特に溶触現象の第一人者である真野先生にお聞きしたいことだったのです」

まさに相手の懐に飛び込んで教えを乞う真剣な塾長の姿勢に、真野先生は「これを読みなさい」と、「NARM（National Association of Manufacturers）」という世界リレー学会の最高の本を渡します。塾長はそれを全部読んで勉強し1週間後にまた真野先生を訪ねると、真野先生は、「これを全部読んだのですか」とびっくりされ、同時に大変感動されたそうです。

真野先生には、その後ご自身の「真野研究所」にも誘われたそうです。塾長は研究所には入らなかったものの、真野先生が委員長をしている「継電器研究会」に参加しました。

塾長はその後、リレーを開発設計するなかで、リレー全体と心臓部ともなる接点開閉の接触抵抗の重要性を考え付きます。リレーの開閉電流には交流と直流のものがあり、交流

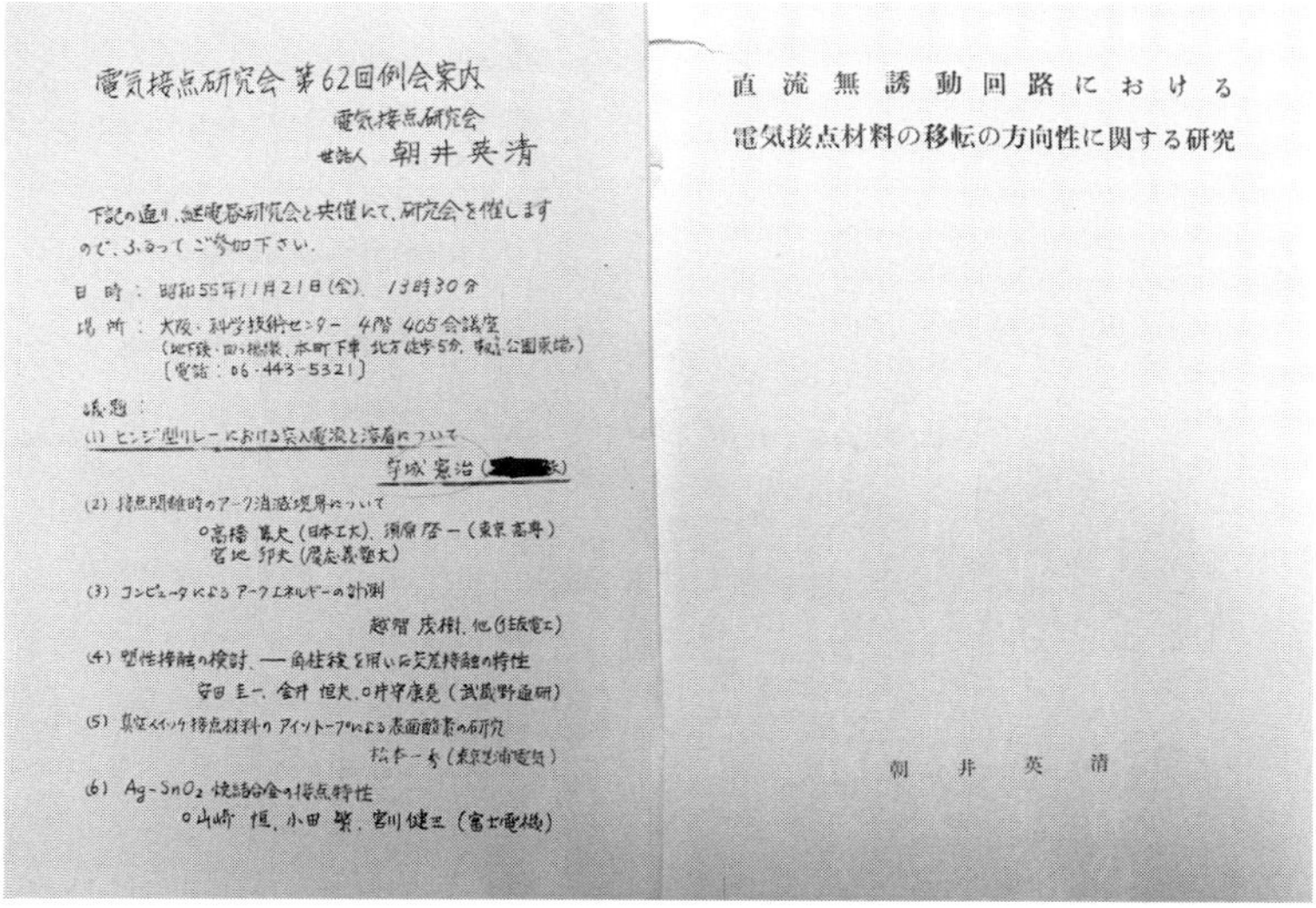
電気接点研究会 第62回例会案内
電気接点研究会
世話人 朝井英清

下記の通り、継電器研究会と共催にて、研究会を催しますので、ふるってご参加下さい。

日時：昭和55年11月21日(金)、13時30分
場所：大阪・科学技術センター 4階 405会議室
（地下鉄・四つ橋線、本町下車 北方徒歩5分、靭公園東端）
〔電話：06-443-5321〕

議題：
(1) ヒンジ型リレーにおける突入電流と溶着について
[redacted])
(2) 接点開離時のアーク消滅境界について
○高橋 (日本工大)、須原 (東京高専)
宮地 (慶応義塾大)
(3) コンピュータによるアークエネルギーの計測
他 (住友電工)
(4) 塑性接触の検討、― 角柱棒を用いた交差接触の特性
(武蔵野通研)
(5) 真空スイッチ接点材料のアイソトープによる表面酸素の研究
(東京芝浦電気)
(6) Ag-SnO₂ 焼結合金の接点特性
(富士電機)

直流無誘動回路における
電気接点材料の移転の方向性に関する研究

朝井英清

朝井教授にいただいた論文原本（右）と学会の案内
（三和電器時代　31歳）

のほうがはるかに設計が難しいのですが、その交流電流の開閉時の過渡現象を研究し、その功績が認められ、塾長の会社で学会を開き発表しようという事になりました。その時に発表した研究が、「接点開閉時の突入電流と溶着現象について」でした。

その学会には、様々な大学の教授や博士号の方々50数名がいらしたと言います。当時塾長は空手も中途半端でなくやっていた時代であり、スポーツ刈りの27歳。若干27歳の塾長が学会の進行役をつとめたことは塾長にとってはその後の研究活動に大きな自信と励みとなったことは間違いありません。

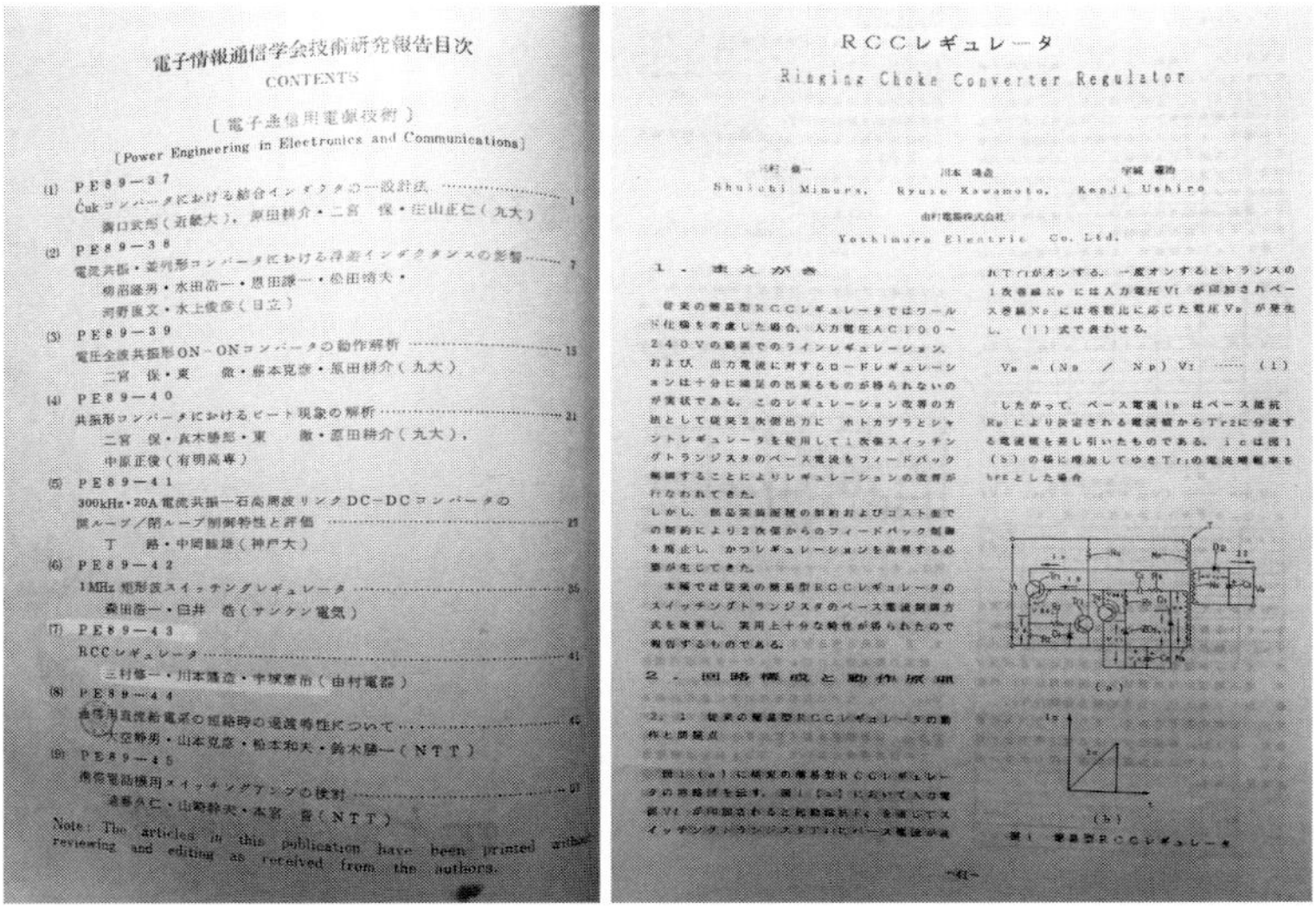

電子情報通信学会技術研究報告の目次と塾長の論文のページ
（由村電器時代　35歳）

この時の挨拶で「ニュートンはリンゴが木から落ちるのを見て万有引力の法則を発見しましたが、今日は、リンゴが下から上に上がっているような気がします」と語ったことをよく覚えているそうです。まさにその時の塾長の緊張と高揚感が象徴されるような言葉ではないでしょうか。

この発表がのちに神戸大学の朝井英清教授の目にとまり、塾長は神戸大学の研究員にならないかと誘われて、社長の了解のもと、ある一時期、仕事を終えてから朝井先生の研究室に通い、徹夜で研究や開発の日々を送ります。

「朝井先生からもいろいろなことを教わ

りまた可愛がっていただきました。ある時に、『宇城君、これを君にあげよう』と言って渡されたのが、朝井先生が博士号を取った時に書かれた論文の原本でした。その論文は今も大事に家に置いてあります。朝井先生のお気持ちが言葉にならないほど嬉しかったのを覚えています」

そしてそれは、六甲山の麓にあった神戸大学の研究室から徹夜明けに見た神戸市街の美しさとともに、今でも塾長の大切な思い出となっています。

実証先にありき

宇城塾長は、武術においては、「戦わずして勝つ」の具体的な術技である「先を取る」を常に実践していますが、それは仕事においても同様でした。若い時から何か仕事で提案がある時は、必ず企画書にとどまることなく、試作品（サンプル）を一緒に提案したと言います。サンプルがあるということは、そのアイデア自体が理屈でなく、すでに実証、実践されていることの証明であり、多くの大手メーカーの競合相手があるなかで仕事を勝ち取ることができたのは、仕事の上でも「先を取る」を実践していたからにほかなりません。

以下に、そのことを象徴するエピソードをいくつか紹介します。

「ある時３００人ほどの学会に招待されたことがあります。その学会で、当時接触抵抗を検査する測定器では一番高価な装置（百万円くらいするＹＨＰ４３２８Ａ）が発表された時に、私は手を挙げて、その測定器の課題をメーカー側の視点から指摘したのです。

それは測定器の電圧が20ｍＶという低い電圧なので、どれほど高価な装置であろうと電圧をかけた時に被膜によって接触抵抗が高くなるわけです。したがって出荷検査ではアウトになってしまい、メーカーにとっては大きな損害になります。

私はそこで電圧を現実的なＤＣ６Ｖの電圧降下法にすべきだと提案しました。それによって接点に傷を与えることなく不要な被膜だけを破り、正しい接触抵抗が測れるからです。

私は以前からこの装置の問題点にメーカーとして気づいていたので、独自のやり方で回路を開発していました。そしてそれを実証するために、学会30日くらい前から、オートペンレコーダーでデータをすべて記録させ、かつ市場で使っても大丈夫であることをすでに確認していたのです。
私が提案したやり方に、たくさんの質問が集中しましたが、すでに実証済みであることと、現実的であることで、微少電流回路にはＹＨＰ法を、それ以上の電流ではＤＣ６Ｖ１Ａの電圧降下法が採用されることになりました。私が確か28歳くらいの頃のことです」

もうひとつは、塾長が36歳頃の由村電器時代のエピソードです。

「あれはオムロン向けに開発した温度調節器用ＲＣＣレギュレーターを発表する学会の時でした。部下を二人連れて上京した時のことです。博士クラスの人が１００人ほどいる学会でした。発表すると、次から次に質問がくる。質問時間を大幅に超えて『実証したのか』とか『なぜそうなるのか』『いや、こういう可能性があるのでは』等々、すべて理屈の質問です。私はすべての質問に丁寧に答えました。なぜならば、その時すでにその私が開発したものが画期的な電源搭載の温調器としてオムロンから市場に出回っていたからです。そのことを伝えると会場が一斉に『しーん』となったのを今でも覚えています」

こうした技術開発時代のエピソードからも、塾長が常に仕事において「先を取る」、かつ理屈や理論より「実証先にありき」を徹底していたことが分かります。

人格から品格へ　基本は人を大事にすること

「会社の基本は、人を大事にするということ」

若い時からこのことを自然体で徹底してきた塾長ですが、加賀コンポーネント時代に付き合いのあった企業のなかで、この「人を大事にする」ということで非常に印象に残っているのが、船井電機の当時の専務だった小林三郎氏のやり方だったと言います。

船井電機は、当時成熟した商品が並ぶなかに後発で入っていって、コストを安くし利益を上げた世界的に有名な会社です。当時船井電機のナンバー2だった小林氏に、ある時飲みに誘われて、その時に聞いた話に塾長はとても感動したと言います。

「小林専務は中国の工場の話をよくされていました。工場で働く16歳の少女のことを『あんなに小さな我々では目に見えないような部品を上手にはんだ付けしている。あれには関心したなー』などと嬉しそうに語るその小林専務の雰囲気から、従業員をやさしく見守り、とても大事にしている様子が伝わってきました。

ふつう中国の工場では、ミスをすると、ほかにいくらでも働き手がいるからとすぐに首を切ってしまうのが常でしたが、小林専務は決してそういうことはしませんでした。また中国の工場の社員も社員で、少しでも給料の高いほうに転職するのが当たり前であったなか、船井電機の社員は長くとどまる方が大変多かったのです」

社員を大事にするからいい品質ができる。トップが社員を大事にするから担当する工場長もそうなっていく。船井電機の大成功の裏には、そうした「人を大事にする」という基本があったことを知り、塾長はとても感心したのだそうです。塾長の加賀コンポーネント時代、45歳頃の話です。

企業経営の基本は人を大事にすることだと塾長は言います。裏を返せば、すべては指導者・トップが根本的に人を大事にしているかどうかで決まってくるのだと。

「人格のある人が上に立てば会社も品格あるものになる。ただ儲かればいい、競争に勝てばいいという考えであれば、会社もそうなっていき、いずれ様々な課題にぶつかってしまう。結局は、人格がすべてだということです。

また人を大事にできるかどうかは、その人の生い立ちにもかかわってきます。その人の人格、気品気位で決まってくる。その人格をどこでどう養うかが大切であるのだということです。

まさに人格を通して経営をする。こういう話をすると人はとかく『きれいごと』であると片付けますが、決してそうではありません」

「自分さえよければ、というのは、その瞬間ではいいかもしれませんが、瞬間でいいというのはもろく危険です。やはりビジョンを持って、どういう方向に会社を持っていくかを考えることが大切です。長い目で見たら、人を大事にすれば、それが社風となり伝統となり歴史となる。生産性も上がり、品質も上がっていく。そのような形で経営を成功させていく仕組みをつくっていくことが大切だと思います。だからこそ常に三世代という先までを視野に入れて見ていかなければならないのです」

それはまさに、塾長が加賀コンポーネント以前の会社時代から一貫して実践してきたことでもあります。

例えば、由村電器時代の宇城塾長のエピソードでこんな話があります。

当時会社の慰安旅行は、毎回5~6台のバスをチャーターして370~380人で行っていたそうです。その慰安旅行の際に、宇城塾長はこんな提案を社長にします。それは「ホテルでの宴会では全員幹事にする」というもの。全員が幹事だから、自由に頼み自由に飲んでいいと。こんなことを言われた社員はどうでしょうか。当然嬉しいし、楽しい慰安旅行になったことは間違いありません。

塾長によると、通常の慰安旅行だとビールの注文量が一人2本くらいの計算ですが、全員幹事にしてもビール3本もいかないくらいだったそうです。しかし格段に違うのが社員の満足度です。それは、塾長が、具体的に飲むということを主眼とせず、社員全員の満足感を大事にしたからこそです。またオーナー社長の由村道治氏がそういう「人を大事にする」社長であったからこそ、当時ナンバー2であった塾長もそれができたのだと塾長は言います。

そんな風に常に塾長が大切にしたのは社員、人の気持ちでした。

「そうやって社員の心にゆとりをあげて、いい酒の飲み方を提供する。そういった慰安旅行のあとでは、会社に対して愛社精神も出てくるし、欠勤も少なくなり、仕事では品質も向上してきます。規則で行なう旅行だと、ともするとストレスが逆にたまってしまうかもしれませんが、人間の心を豊かにする慰安旅行であれば、品質も向上するし、生産性も上がる。社員の継続率も高くなる。事故も少なくなってくるのです。愛社精神は、つくるものではなく、そのようにして自然体で育てていくものなのです」

ふつう「挨拶をしましょう」などとスローガンをかかげたりしますが、「挨拶をしましょう」とスローガンをかかげること自体、「挨拶ができていない」という真実を露呈しているわけです。

そうではなく、常に高い次元の目標をかかげることが大事であると塾長は言います。

由村電器の頃の研究所に塾長がかかげていたのは、山岡鉄舟の名言「晴れてよし　曇りてもよし　富士の山　もとの姿は変わらざりけり」でした。また、水六訓（水からの教えを説いた笹川良一の言葉）もかかげていました。それは、自ら気づいて行動し、品格、社風をつくり上げるという塾長の一貫した人間教育への姿勢があったからこそです。

そういった姿勢は、塾長自身が、空手の師である座波仁吉先生の人格に、居合では川崎武雄先生という師の人格に学び、自らの品格をつくり上げてきたことで培われていきました。

そこには、ただ空手を覚えて強くなりたいとか、居合の試合でただ勝つことを目的とした、ということからは無縁の、一貫した人間としての学びがありました。師の人格を学ぶ。そこから品格が養われるのだと。

しかしそうは言っても、それはあくまでも必ず結果を伴うことが大事であると塾長は言います。経営であれば、計画やスローガンだけがよくても赤字では話になりませんし、試合でも負けていたのではすべてはきれいごとになる。また、ただ勝てばいいというだけでは課題がある。あくまでもきちんと結果に結びつけていく。そういうプロセスと姿勢が、すべてその人の生き方につながっていくのだと塾長は言います。

「大事なのは、品格をつくろうと思うならば、まずは指導者が品格を持たなければならないということです。品格の中に気品、気位は生まれてくる。それは言い換えれば自分に自信を持つということです。そしてその自信は、スポーツで優勝したなどといったレベルの

水六訓　　笹川良一

一．あらゆる生物に生命力を与えるは水なり。

二．常に自己の進路求めてやまざるは水なり。

三．如何なる障害をも克服する勇猛心と、よく方円の器に従う和合性とを兼ね備えるは水なり。

四．自ら清く他の汚を洗い清濁併せ容るの量あるは水なり。

五．動力となり光となり、生産と生活に無限の奉仕を行い、何等報いを求めざるは水なり。

六．大洋を充し、発しては蒸気となり、雲となり、雨となり、雪と変じ、霧と化してもその性を失わざるは水なり。


自信ではなく、かつての剣豪と同じで、生死をかけたなかで生き延びるという本当の実力を持ち、修行によって絶対的な信念を持った人の自信です。そういう学びのあり方が、人を生かすということにつながっていくのです」

このことを塾長は仕事への一貫した姿勢から示しています。道塾において、塾長が時折話をする会社時代のエピソードひとつからも、そういった気づき、学びの機会にあふれていることをぜひ塾生の皆さんに知っていただきたいと思います。

賛成反対を越えたところで

宇城塾長の父は戦闘機乗りであったこともあり、塾長が小さい頃から厳しく接したと言います。例えば喧嘩をして泣いて帰ってくると「泣くな。やりかえしてこい！」と言い、やり返してくると、「人をいじめるな」と叱る。そこに答えがない。塾長はそうした矛盾をつきつけられる度に「なぜ」「なぜ」という思いにかられました。

それは、物事は「賛成」「反対」を越えたところで答えを導き出さなくてはならないという父の教えであったのかもしれません。なぜなら塾長は、対立的な立場に置かれた際でも、どちらか一方に偏って身を置くことはせず、常に「その両方の上にある答え」を求めて解決にあたる姿勢を貫いてきたからです。

人生において何かの壁にぶつかった時でも同じで、自分本位の考えでは活路は見出せず、周囲に溶け込んだ時、そのヒントが見つかるということが塾長の生き方からも見えてきます。

以下は、塾長が労働組合の活動に参加した頃のエピソードです。塾長がどんな対立の場でも一貫してぶれない生き方をしてきたことが分かります。

「それは研究や開発に一心に取り組んでいた頃のことで、気がつくと社内に組合ができていました。それもかなりの『戦う』組合でした。初めのうちは関心があまりなかったのですが、各職場から執行委員を出さなくてはならないようになり、私は技術部からの執行委員として選出されました。

私は常に根本原理を追求する癖がありましたので、関わるとすぐに、『組合運動とは』『社会主義とは』『搾取とは』などの勉強を重ねていきました。基本的には組合側の主張が正しいのですが、もう少し大きな立場で見ると、会社、組合双方に数々の矛盾があることに気づくのです」

しかし、会社が労働組合を敵視し、組合の執行役員に対して脅迫電話を自宅に、しかも真夜中にかけてきたり、様々な嫌がらせ行為が始まると、それがまた正義感の強い塾長を刺激するところとなり、塾長の勢いは怯むどころか、かえって増していきました。活動する人たちとも仲間意識が芽生え、活動に力を入れるようになります。しかし塾長は組合活動をしているからといって仕事をおろそかにすることは決してありませんでした。

「会社を目の仇にして仕事をしなくていいのかというと、私はそうは考えませんでした。働く環境の場の待遇改善など、本来は組合側が要求してというより会社側が積極的にやるべきことなのですが、このような団体交渉の場がないと現実的には実行されないのが普通でした。しかし、ただ要求をするだけでなく、それだけの仕事をきちんとするのも当然です。要求をしつつも、きちんと責任を果たす。この時期のことは、会社相手の闘争にとどまらず、人として技術者として、どうあるべきかを考えるよい機会になりました。

実際、組合活動に忙しい中、仕事の効率を高めるために、職場にいない間でもデータ等がとれるように『自動測定器』を開発したのもこの頃のことでした」

そうした塾長のぶれない考え方は多くの人たちから支持されるところとなり、塾長はやがて執行部の教宣部長となり、地域共闘新聞社内報の発行やビラを積極的に作成するなどの活動をするようになります。

「新聞は月2回、各職場から選出された執行員15人のメンバーで発行していました。一般の業務を終えてからの活動なので、夜中2時頃までの新聞づくりになったことはしばしばでした。そんな苦労をしてつくった新聞やビラを翌朝出勤してくる社員や地域の人たちに配るのですが、読まずに捨てられることもありました。腹も立ちますし、涙が出る思いもしないではありませんでしたが、メンバーに言ったことは、『捨てられないような、皆が読んでくれるような新聞をつくろう、そのためにも各職場の、特に労働条件が厳しい工場の隅々まで足を運び、できるだけ多くの人の意見を反映したものにしよう』というものでした」

人のせいにしたり言い訳をしたりせず、「だったら、もっといいものをつくる」。この塾長の姿勢は、技術者としてのあり方はもとより、一貫して自分の立ち位置だけでなく、人の立ち位置からもものが見れる、バランスのとれた考え方を持っていることを裏付けています。

こうした組合活動をするなかでも、塾長は自らつくった会社の空手クラブでの指導を続けていたと言います。指導は仕事が終わった夕方から会社の屋上で行なっていました。部員は長髪で遅刻、欠勤が多い者、会社ではお荷物的な人間もいたと言いますが、稽古を重ねるうちにいつの間にか髪を切り、遅刻や欠勤もなくなっていったと言います。

そんな彼らの変化に驚いた本社の専務取締役が「いくら職場の上司が言ってもきかない連中がこれだけ変わったのはたいしたものだ。寒くて吹きさらしの屋上ではなく、３階の大広間を使いなさい」と言ってくれるようになったのだそうです。

労働組合という激しい対立の世界の中にあっても、人間としてぶれずに筋を通して行動し、賛成か反対かに居付くことなく、常にそこを越えたところの答えを求め、引き出していた塾長の姿勢は、その後の、生き馬の目を抜くような激しいビジネスライフにおいても一貫して変わることはありませんでした。

進化から深化へ――宇城憲治

ダーウィンの有名な言葉に
「最も強い者が生き残るのではなく
最も賢い者が生き延びるのでもない。
唯一生き残るのは、変化できる者である」

とあります。

私の自論としていることに、
「進歩・成長とは変化することである。
変化するとは深さを知ることである。
深さを知るとは謙虚になることである」
がありますが、

言葉を変えて言えば、

「進化から深化へ
競争から共創へ」
ということです。

なぜ進化から深化なのか。それは最も身近な人間の生命の誕生と、その生成過程を振り返れば一目瞭然です。

私たちは、一個の受精卵からつくられています。すなわち父方、母方の配偶子が結合して自分という配偶子になった瞬間から、受精卵は細胞分裂を自動的にかつドミノ式に繰り返し人間として必要な形、機能を備えながら、10ヵ月後にお母さんのお腹から出てきます。設計図があって完成品となる自動車やパソコンなどといったこの世に存在する物とは比べようがないことは明確です。人間の生成には設計図がありません。また設計者もいません。まさに神秘としか言いようがありません。ですから生命誕生一つとっても、すでに誰もが否定できない宇宙の神秘であるわけです。

一個の受精卵にはすでに私たちのすべてがインプットされている、すなわち私たちの未来がＤＮＡにすでに刻まれているのです。

こうした人智の及ばぬ神秘に対して謙虚になり、神秘の奥を知る、すなわち知識ではなく深さを知るという「深化」こそ、本来の進化につながるということです。


私たち人間は一人では生きていけません。だからこそ競争という次元の上にある共創こそが重要と言えるのです。

また、深さを知り、謙虚になることによって、私たち人間は、時空の中にあって対立するのではなく、時空に溶け込むことができる。時空に溶け込めれば、神秘としてある本来あるべき人間とは何か、生きるとは何かが見えてくるのです。

「気」というエネルギーは、言わば、私たちがこの時空に溶け込むための手助けをしてくれるエネルギーであるとも言えます。同時に「気」は、現在常識とされているあらゆる矛盾に対して多くのヒントを与えてくれます。そして真実が何かを実証して見せてくれるのです。

それは一方で今の常識をつくった環境、教育が真の姿ではないことをも諭しているのです。本来命という宇宙の神秘に対して謙虚でなければならないのに、今に見る世界の様々な矛盾は、私たちが横着をしてきた結果でもあるのです。そうであるならば、これからはお互いが知恵を出し合い助け合う共創でなければならないはずです。しかし今もなお私たちは「自分が」という誰よりも強くて賢くて一番でいたいと願う競争を常識としています。まさに今、その常識こそ見つめ直し、将来生き残るため、種を存続させるためにも、変化しなければいけない時期にあるのではないかと考えます。

昔からの武術の教えに次の言葉があります。

「打って勝つは下の勝ちなり。
勝って打つは中の勝ちなり。
戦わずして勝つは上の勝ちなり」

まさに生き残るための勝ち方のレベルを教えています。

「戦わずして」とは敵をつくらないということであり、敵をつくらないとは、仲よくする、愛するということであり、愛するとは相手への尊厳であり、許容であり、許容には自分の器を大きくすることが必要です。すなわち自信です。自信が他尊を生む。それはまさに私の空手の師・故座波仁吉先生の教え「他尊自信」でもあります。

一方、「戦わずして勝つ」の具体的な術技こそが、「先を取る」にあります。

「先を取る」の「先」とは、単なる時計の時間ではなく、体内の細胞を基準に生じる時間のことです。この時間が時空を創り、時空と調和融合するわけです。つまり「間を制す」につながっていきます。そういう事からしても「身体先にありき」「実証先にありき」、その後に理屈や理論があること、知識はさらにその後にあること。この時系列を間違えないことが、宇宙に生かされ、宇宙に守られるということであり、生まれて、生きて、というなかでの幸せの法則があるのではないかと思っています。

宇城憲治 うしろけんじ

1949年 宮崎県小林市生まれ。1986年 由村電器㈱ 技術研究所所長、1991年 同常務取締役、1996年 東軽電工㈱ 代表取締役、1997年 加賀コンポーネント㈱ 代表取締役。エレクトロニクス分野の技術者として、ビデオ機器はじめ衛星携帯電話などの電源や数々の新技術開発に携わり、数多くの特許を取得。また、経営者としても国内外のビジネス界第一線で活躍。一方で、厳しい武道修行に専念し、まさに文武両道の日々を送る。
現在は徹底した文武両道の生き様と武術の究極「気」によって人々の潜在能力を開発する指導に専念。宇城空手塾、宇城道塾、親子塾、高校野球塾、各企業・学校講演、プロ・アマスポーツ塾などで、「学ぶ・教える」から「気づく・気づかせる」の指導を展開中。著書・DVD 多数。

㈱ＵＫ実践塾 代表取締役　　　　　創心館空手道 範士九段
宇城塾総本部道場 創心館館長　　　全剣連居合道 教士七段（無双直伝英信流）

ＵＫ実践塾ホームページ　http://www.uk-jj.com

宇城道塾

東京・大阪・仙台・名古屋・岡山・熊本で開催。随時入塾を受け付けている。
宇城道塾ホームページ　http://www.dou-shuppan.com/dou
事務局　TEL: 042-766-1117　Email: do-juku@dou-shuppan.com

公式テキスト：『気の開発メソッド　初級編／中級編』 季刊『道（どう）』
教材ＤＶＤ：『宇城空手 in Aiki Expo』『永遠なる宇城空手』
『宇城憲治　ネパール・ムスタン訪問記録』

宇城道塾の手引き 〈基本編〉
宇城憲治に学ぶ「気」とは

2018 年 6 月 22 日　初版第 1 刷発行

宇城道塾事務局編　宇城憲治監修

定　価　本体価格 1,000 円
発行者　渕上郁子
発行所　株式会社 どう出版
〒 252-0313　神奈川県相模原市南区松が枝町 14-17-103
電話　042-748-2423（営業）　042-748-1240（編集）
http://www.dou-shuppan.com
印刷所　株式会社シナノパブリッシングプレス

　ISBN978-4-904464-89-2
落丁、乱丁本はお取り替えいたします。お読みになった感想をお寄せください。